俄罗斯

黑龙江省
Hēilóngjiāng Shěng

哈尔滨
Hā'ěrbīn

内蒙古自治区
Nèiměnggǔ Zìzhìqū

长春
Chángchūn

吉林省
Jílín Shěng

北京市
Běijīng Shì

辽宁省
Liáoníng Shěng

集安
Jí'ān

和浩特
hěhàotè

沈阳
Shěnyáng

大同
Dàtóng

石家庄
Shíjiāzhuāng

天津市
Tiānjīn Shì

大连
Dàlián

渤海

朝鲜

太原
Tàiyuán

河北省
Héběi Shěng

济南
Jǐnán

韩国

山西省
hānxī Shěng

山东省
Shāndōng Shěng

青岛
Qīngdǎo

黄海

洛阳
Luòyáng

郑州
Zhèngzhōu

江苏省
Jiāngsū Shěng

河南省
Hénán Shěng

合肥
Héféi

扬州
Yángzhōu

苏州
Sūzhōu

湖北省
Húběi Shěng

武汉
Wǔhàn

安徽省
Ānhuī Shěng

南京
Nánjīng

上海市
Shànghǎi Shì

长沙
Chángshā

南昌
Nánchāng

杭州
Hángzhōu

浙江省
Zhèjiāng Shěng

东海

湖南省
inán Shěng

江西省
Jiāngxī Shěng

福州
Fúzhōu

台北
Táiběi

东京

福建省
Fújiàn Shěng

广东省
Guǎngdōng Shěng

厦门
Xiàmén

台湾
Táiwān

广州
Guǎngzhōu

深圳
Shēnzhèn

澳门
Àomén

香港
Xiānggǎng

海口
áikǒu

南海

★	首都
●	省都
□	有名都市
⊔⊓	万里の長城

JN034693

二訂版
トライ・中国語

～中国語は面白い～

布川　雅英 著

駿河台出版社

音声について

本書の音声は、下記サイトより無料でダウンロード、
およびストリーミングでお聴きいただけます。

https://stream.e-surugadai.com/books/isbn978-4-411-03154-9/

＊ご注意
・PC からでも、iPhone や Android のスマートフォンからでも音声を再生いただけます。
・音声は何度でもダウンロード・再生いただくことができます。
・当音声ファイルのデータにかかる著作権・その他の権利は駿河台出版社に帰属します。
　無断での複製・公衆送信・転載は禁止されています。

装丁・本文デザイン・イラスト：小熊　未央

ま　え　が　き

　このテキストは、中国語をゼロから学び始める学習者のための入門用テキストです。授業回数が13回から15回の集中講座、または、大学の週1回の90分授業で、半期で終了可能な内容にしてます。

　中国語は発音が大切なので、発音編では発音の方法を詳細に記しています。構文編は、本文、単語、ポイント、練習問題から構成されております。本文の会話文は、暗記しやすい簡便な文を挙げておきました。CDを活用し、暗記出来るくらい発音練習をして下さい。「ちょっと一言」というコラムは、著者がこれまでの授業で学習者から受けた質問に対して、著者なりに考えたことをまとめてみました。練習問題は発音練習を通じて単語を覚えることから始まり、置き換え練習によって構文理解を深め、最後の作文練習は、本文に使用されている文を基本的に使用しており、重要構文がスムーズに覚えられるように配慮しております。

　本書の編集に当たっては、「神田外語大学アジア言語学科中国語専攻」講師の山村敏江先生にご協力頂きました。山村先生は中国語音韻学が御専門で、日本人が苦手とする発音に関しても適切なご指摘を頂きました。また、神田外語大学多言語コミュニケーションセンター長の藤田知子教授からは、様々なアドバイスを頂きました。厚く御礼申し上げます。

　最後になりましたが、このたび出版の機会を与えて頂きました駿河台出版社井田洋二社長には心からお礼を申し上げます。また、編集者の猪腰くるみさんには色々とご協力頂きました。ここに記してお礼を申し上げます。

2011年5月5日

著者

3

目　次

発音編

構文編

発 音 編

第1課 ● 中国語は面白い ●

I. 中国語の使用文字は漢字（簡体字）です。

a．漢字も意味も日本語と同じもの。

　茶（茶）、人（人）、学生（学生）、大学（大学）、教室（教室）

b．日本漢字音（音読み）と中国語の発音が似ているもの。

　看（カン）、三（サン）、散（サン）、来（ライ）

c．日本語との違い：

　次の漢字（簡体字）は日本語の漢字とどこが違うでしょうか？線で結んでみましょう。

日本漢字と微妙に異なる漢字
① 门 ・　　　　　・ A．舎
② 骨 ・　　　　　・ B．着
③ 真 ・　　　　　・ C．歩
④ 歩 ・　　　　　・ D．真
⑤ 着 ・　　　　　・ E．骨
⑥ 舍 ・　　　　　・ F．門

日本漢字と異なる漢字
① 个 ・　　　　　・ A．東
② 书 ・　　　　　・ B．飛
③ 电 ・　　　　　・ C．書
④ 飞 ・　　　　　・ D．個
⑤ 东 ・　　　　　・ E．無
⑥ 无 ・　　　　　・ F．電

d．中国語の外来語表記：

〔**質問**〕中国語では外来語はどのように表記するの？
〔**答**〕外来語も漢字で表記します。

次の単語は何のことでしょう？線で結んでみましょう。

① 热狗 règǒu（意訳型）　　　　　　　　　　　　　・　・ A．ホリエモン(ライブドア)
② 三明治 sānmíngzhì（音訳型）　　　　　　　　　　・　・ B．コカコーラ
③ 麦当劳 Màidāngláo（音訳型）　　　　　　　　　　・　・ C．ミニスカート
④ 卡拉ＯＫ kǎlā OK（音訳型）　　　　　　　　　　・　・ D．ホットドッグ
⑤ 可口可乐 kěkǒukělè（音訳意訳型）　　　　　　　・　・ E．サンドウィッチ
⑥ 迷你裙 mínǐqún（音訳意訳型）　　　　　　　　　・　・ F．マクドナルド
⑦ 活力门 Huólìmén（音訳意訳型）　　　　　　　　・　・ G．カラオケ

2.　中国語の発音はどうやってわかるの？
　　　中国式ローマ字（ピンイン）があるから大丈夫。

茶 chá　　看 kàn　　三 sān　　来 lái　　新 xīn

3.　中国語の文法は簡単簡単。

我 爱 她。 Wǒ ài tā.　　她 爱 我。 Tā ài wǒ.
（私は彼女を愛する。）　　　　（彼女は私を愛する。）

她们 在 大学 学习 汉语。 Tāmen zài dàxué xuéxí Hànyǔ.
（彼女たちは大学で中国語を学ぶ。）

＊中国語で「勉强 miǎnqiǎng」は「無理強いする」という意味です。

我 每天 早上 七点 起床。 Wǒ měitiān zǎoshang qī diǎn qǐchuáng.
（私は毎日朝7時に起きます。）

4. 声調が一番大事。

🔊 01

第1声　高く平らに発音	mā 妈（母） tāng 汤（スープ）
第2声　急に上げて発音	má 麻（麻） táng 糖（砂糖）
第3声　低く押さえるように発音	mǎ 马（馬） tǎng 躺（横たわる）
第4声　急に下げて発音	mà 骂（叱る） tàng 烫（やけどする）

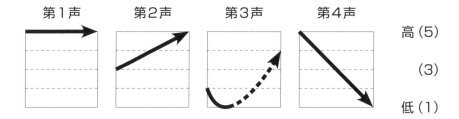

🔊 02 〔声調練習〕

妈妈骑马，马慢，妈妈骂马。

Māma qí mǎ, mǎ màn, māma mà mǎ.

（お母さんは馬に乗り、馬が遅いので、お母さんが馬を叱る。）

ちょっと
一言

　「声調は難しい。」と言う人は多いです。でも声調は、歌の音程と同じです。難しくありません。正しいメリハリのある声調を発音するには、中国語の声調の音域は、日本語より音域の高低の幅が、広いことを常に意識して下さい。音域の広さを意識するには、第1声を発音する際に、普段話す声の高さより、高くすることが大切です。それにより、中国語の音域が広がります。がんばって下さい。

第2課 ● 基礎発音―1 ●

　中国語の発音は日本語よりも、メリハリをつけて、はっきりくっきり発音することが大切です。中国の人は曖昧な事を嫌います。従って、中国語の母音や子音の発音もメリハリをつけて、強くはっきりくっきりを心がけましょう。

I. 韻母（母音）

(1) 単母音

現代中国語（共通語）の単母音は6個あります。

> 口の開きが大きい母音　　**a, o, e**
> 口の開きが小さい母音　　**i, u, ü**

03

a: 日本語の「ア」よりも口を大きく開ける。唇を丸くする必要はない。

o: 日本語の「オ」よりも唇の両端に力を入れて締める。

e: 日本語の「エ」のような唇の形のようにして、唇の緊張を緩める。のどの奥から「ウ」と「オ」の混ざった音を出す。

🔊 04   **i:**   日本語の「イ」よりも唇を横に引き、「イ」の音を出す。舌先は下の歯の裏につける。

       u: 唇を小さく丸めて前に突き出して、のどの奥から「ウ」の音を出す。舌の位置は「オ」。

      ü: 唇をすぼめて、舌を下の前歯の裏につけて、「イ」の音を出す。唇がすぼめられているから、「ユ」に聞こえるが、「ユ」ではない。発音は「イ」を意識する。また、発声途中で唇を動かして「ユイ」としてもいけない。

✏️ **練習 1**

🔊 05   🔊 06

ā	á	ǎ	à	ī	í	ǐ	ì	（子音がつかない時は yi と表記する）
ō	ó	ǒ	ò	ū	ú	ǔ	ù	（子音がつかない時は wu と表記する）
ē	é	ě	è	ǖ	ǘ	ǚ	ǜ	（子音がつかない時は yu と表記する）

第3課 ● 基礎発音—2 ●

　複合母音もはっきりくっきり発音しましょう。
　母音の一つ一つの音を出せばOKです。母音をくっつけて発音しないように注意して下さい。日本語の母音の発音より、発音時のパワーが必要になります。

⑵ 複合母音

　母音が結びついた複合母音は、全部で13個あります。

ai　ei　ao　ou	主母音が前に来るタイプ	
ia　ie　ua　uo　üe	主母音が後ろに来るタイプ	
iao　iou　uai　uei	主母音が真ん中に来るタイプ	

07

ai:　「ア」を発音したら、すぐに「イ」を発音する。「イ」は単母音の「イ」よりも口が開き気味になる。「アイ」

ei:　「e」は「i」の影響により、日本語の「エ」に近い音になる。「イ」は単母音の「イ」よりも口が開き気味になる。「エイ」

ao:　「ア」を発音したら、すぐに「オ」を発音する。「オ」は単母音の「オ」よりも口の丸めが狭くなる。「アオ」

ou:　「オ」を発音したら、すぐに「ウ」を発音する。「オ」は単母音の「オ」よりも口の丸めが狭くなる。「オウ」

11

ia: 「イ」と「ア」をはっきり区別しながら、滑らかに「イア」と発音する。

ie: 「イ」と「エ」をはっきり区別しながら、滑らかに「イエ」と発音する。「e」は日本語の「エ」に近い音。

ua: 唇を丸く突き出した「ウ」から「ア」へ滑らかに発音する。「ウア」

uo: 唇を丸く突き出した「ウ」から「オ」へ滑らかに発音する。「ウオ」

üe: 唇をすぼめた「ユ」から「エ」へ滑らかに発音する。「e」は日本語の「エ」に近い音。「ユエ」

iao: 「イ」の口の構えから、「ア」をはっきり発音し、「オ」まで滑らかに発音する。「イアオ」

iou: 「イ」の口の構えから、「オ」をはっきり発音し、「ウ」まで滑らかに発音する。「イオウ」

uai: 「ウ」の口の構えから、「ア」をはっきり発音し、「イ」まで滑らかに発音する。「ウアイ」

uei: 「ウ」の口の構えから、「エ」をはっきり発音し、「イ」まで滑らかに発音する。「e」は日本語の「エ」に近い音。「ウエイ」

(3) そり舌母音

 10

er: 「エ」と「ア」が混ざったような音を出しながら、舌先をそり
上げて発音する。

練習2

🔊 11

āi	ái	ǎi	ài
ēi	éi	ěi	èi
āo	áo	ǎo	ào
ōu	óu	ǒu	òu

🔊 12

iā	iá	iǎ	ià
iē	ié	iě	iè
uā	uá	uǎ	uà
uō	uó	uǒ	uò
üē	üé	üě	üè

🔊 13

iāo	iáo	iǎo	iào
iōu	ióu	iǒu	iòu
uāi	uái	uǎi	uài
uēi	uéi	uěi	uèi
ēr	ér	ěr	èr

第4課 ● 基礎発音—3 ●

2. 声母(子音)

子音は全部で21個あります。

(1)	唇音：	b	p	m	f
(2)	舌尖音：	d	t	n	l
(3)	舌根音：	g	k	h	
(4)	舌面音：	j	q	x	
(5)	そり舌音：	zh	ch	sh	r
(6)	舌歯音：	z	c	s	

　子音の中で次の6組は破裂音で、無気音と有気音の対立があります。
　無気音は息を控えめにして出す音。無気音は濁音にならないように気をつけて下さい。

　有気音は息を一気に強く出す音です。

無気音：	b	d	g	j	zh	z
有気音：	p	t	k	q	ch	c

🔊 14　(1)　**唇音**：

b (o):　息をあまり出さないで「ポ」と発音する。

p (o):　息を強く出し「ポ」と発音する。

m (o):　日本語の「モ」よりも、唇をくっつけて「モ」と発音する。

f (o):　上の歯を下唇につけて、「フォ」と発音する。

✏️ **練習3**　🔊 15

bō	bó	bǒ	bò		pō	pó	pǒ	pò
mō	mó	mǒ	mò		fō	fó	fǒ	fò

🔊 16　(2)　**舌尖音**：

d (e):　息をあまり出さないで「ドゥ」と発音する。

t (e):　息を強く出し「トゥ」と発音する。

n (e):　日本語の「ヌ」に近い音で発音する。

l (e):　日本語の「ル」と「レ」の混ざった音を出して発音する。

✏️ **練習4**　🔊 17

dē	dé	dě	dè		tē	té	tě	tè
nē	né	ně	nè		lē	lé	lě	lè

🔊 18　(3)　**舌根音**：　　**g (e):**　　口の形は半開きで、あまり息を出さずに「グ」の音を出す。

　　　　　　　　　　　k (e):　　口の形は半開きで、強く息を出し「ク」と発音する。

　　　　　　　　　　　h (e):　　喉の奥を摩擦させて「フ」と「ホ」の混ざった音を出す。この時、唇を使わないように気をつける。

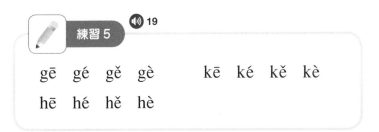

練習5　🔊 19

gē　gé　gě　gè　　　kē　ké　kě　kè
hē　hé　hě　hè

🔊 20　(4)　**舌面音**：　　**j (i):**　　息をあまり強く出さずに「ジ」と「チ」を合わせた音を出す。

　　　　　　　　　　　q (i):　　息を強く出して「チ」の音を出す。

　　　　　　　　　　　x (i):　　舌を平らにして「シ」の音を出す。

練習6　🔊 21

jī　jí　jǐ　jì　　　qī　qí　qǐ　qì
xī　xí　xǐ　xì

🔊 22　(5)　**そり舌音： zh (i):** 舌をそり上げて、息をあまり強く出さずに「ジ」の音を出す。舌がそり上がっているので、こもった音になる。

ch (i): 舌をそり上げて、息を強く出して「チ」の音を出す。舌がそり上がっているので、こもった音になる。

sh (i): 舌をそり上げて、「シ」の音を出す。舌がそり上がっているので、こもった音になる。

r (i): 舌をそり上げて、「リ」と「ジ」の合わさった音を出す。舌がそり上がり、且つ声帯が震えるので、こもって濁った音になる。

 練習7　🔊 23

zhī	zhí	zhǐ	zhì		chī	chí	chǐ	chì
shī	shí	shǐ	shì		rī	rí	rǐ	rì

ちょっと一言　そり舌音は、舌をそり上げて舌先を上の歯ぐきの出ている部分に移動させると同時に、舌全体をスプーンのようにすることを意識すると良いでしょう。

17

🔊 24　(6)　**舌歯音：**　　**z (i):**　　口を横に引いて、息をあまり出さずに「ズ」の
　　　　　　　　　　　　　　　　音を出す。

　　　　　　　　　　　c (i):　　口を横に引いて、息を強く出しながら「ツ」の
　　　　　　　　　　　　　　　　音を出す。

　　　　　　　　　　　s (i):　　口を横に引いて、「ス」の音を出す。

✏️ 練習 8　🔊 25

zī　zí　zǐ　zì　　　　cī　cí　cǐ　cì

sī　sí　sǐ　sì

注意：同じ「i」で表記されるが、「ji・qi・xi」の「i」と「zhi·chi·shi·ri」の「i」及び「zi·
　　　ci·si」の「i」は違うので注意が必要。口を強く横に引いて「イ」の音を出す本当の「i」
　　　は「ji・qi・xi」の「i」だけです。

第 5 課 ● 基礎発音—4 ●

中国語には「ン」で終わる音が2つあります。

3. nとngを持つ母音（鼻韻母）

母音とその後に来るnとngから構成される音節。

> **n:** アンナイの「ン」。舌先を上の歯茎につけて、はっきりと「ン」を出す。音の終わりが明確に聞こえる。
>
> **ng:** アンガイの「ン」。舌根が持ち上がり口の奥寄りの「ン」を出す。音の終わりがぼんやりとする。

🔊 26

an: 音は「アン」だが、ちょっと口の開きが狭い「ア」となる。最初の練習では「アヌ」を意識しても良い。

ang: 口を大きく開けて、「アァンー」と発音する。口は最後まで開けたままにする。

🔊 27

en: 音は「エン」。「e」は日本語の「エ」と「ウ」の中間音になる。

eng: 「e」はあいまいな奥よりの「ウ」と「オ」の中間音。音は「ウンー」。

🔊 28　　**ian:**　音は「イエン」。表記と音が一致しないので、注意する。

　　　　iang:　音は「イァァーン」。口は最後まで開けたままにする。

🔊 29　　**in:**　音は「イン」。舌を特に素早く上の歯茎につける。

　　　　ing:　音は「イーン」。「i」+「eng」の音を意識して発音するとよい。

🔊 30　　**uan:**　口を丸めた「ウ」から「ウアン」を発音する。

　　　　uang:　音は「ウァァーン」を意識するとよい。

🔊 31　　**uen:**　口を丸めた「ウ」から「ウエン」と発音する。

　　　　ueng:　口を丸めた「ウ」から「ウォーン」と発音する。

🔊 32　　**üan:**　口をすぼめて「ユエン」。

　　　　ün:　口をすぼめて「ユン」。舌を特に素早く上の歯茎につける。

🔊 33　　**ong:**　口をやや丸め、口の奥から「オォーン」と発音する。

　　　　iong:　口をすぼめて「ユオーン」と発音する。

練習 9

🔊 34	ān	án	ǎn	àn	āng	áng	ǎng	àng
🔊 35	ēn	én	ěn	èn	ēng	éng	ěng	èng
🔊 36	iān	ián	iǎn	iàn	iāng	iáng	iǎng	iàng
🔊 37	īn	ín	ǐn	ìn	īng	íng	ǐng	ìng
🔊 38	uān	uán	uǎn	uàn	uāng	uáng	uǎng	uàng
🔊 39	uēn	uén	uěn	uèn	uēng	uéng	uěng	uèng
🔊 40	üān	üán	üǎn	üàn	ūn	ún	ǔn	ùn
🔊 41	ōng	óng	ǒng	òng	iōng	ióng	iǒng	iòng

ちょっと一言
「n」と「ng」を発音する時は、どうしても意識が「n」と「ng」に行ってしまいますが、実は「n」や「ng」の前の母音と一体であることを意識すると発音がしやすくなります。

第6課　● 基礎発音─5 ●

4. 声調符号をつける位置

1.「a」があれば、「a」の上につける。
　　例：biǎo　jiāng

2.「a」がなければ、「o」か「e」の上につける。
　　例：dōu　wèi

3.「ui」と「iu」には、後ろの母音につける。
　　例：huì　liú

5. ピンイン表記上の注意

1. 子音がつかない時は以下の母音は表記が変わります。

① i → yi　　　ia → ya　　　ie → ye　　　iao → yao　　　iou → you
　　ian → yan　　iang → yang　　in → yin　　　ing → ying　　iong → yong

② u → wu　　　ua → wa　　　uo → wo　　　uai → wai　　　uei → wei
　　uan → wan　　uen → wen　　uang → wang　　ueng → weng

③ ü → yu　　　üe → yue　　　üan → yuan　　ün → yun

ちょっと
一言

　　「yu・yue・yuan・yun」と表記されると「ü」の「¨」を表記しなくなるので、発音するときに注意しましょう。同様に子音「j・q・x」と結ばれる「ü」も「¨」を表記しないので、気をつけましょう。「quan(チュエン)」と「guan(グゥアン)」などは表記上は同じ「uan」となりますが、母音の音は違います。

２．子音がつくと、音節が圧縮されて、主母音が弱く発音されるため、主母音を表記しない音節があります。ただし、発音時には少し主母音の音を響かせます。

① iou ➡ miu　diu　jiu 等

② uei ➡ dui　tui　sui 等

③ uen ➡ dun　tun　cun 等

6.　変調

🔊42　（1）　軽声

本来の声調がなくなり、軽く読まれる音を軽声と言います。

māma	yéye	jiějie	bàba
妈妈	爷爷	姐姐	爸爸

🔊43　（2）　連続する３声の変調

　３声が連続するとそのまま発音すると、次の３声が出しにくくなります。このような場合、前の３声を２声にして、次の３声を出しやすくします。この時はテキスト等でも変調したピンインを表記しませんので、自分で変調させます。

nǐ hǎo	shǒubiǎo	Fǎyǔ
你 好	手表	法语

🔊44　（3）　"不"の変調

　"不"は本来「bù」ですが、後ろに４声の単語が来ると、２声「bú」で発音します。

bú shì	bú qù	bú kàn
不 是	不 去	不 看

🔊 45　（4）　"一" の変調

数詞の "一" は本来「yī」ですが、後ろに来る単語によって2通りの変調をします。

① 後ろに来る単語が1声・2声・3声の場合、「yì」と4声に変調します。

（1声）yì tiān　（2声）yì nián　（3声）yìqǐ
　　　 一天　　　　　一年　　　　　一起

② 後ろに来る単語が4声の場合、「yí」と2声に変調します。

（4声）yíyàng
　　　 一样

練習10　発音してみましょう

🔊 46
1声＋1声：	咖啡 kāfēi	飞机 fēijī	公司 gōngsī
1声＋2声：	中国 Zhōngguó	今年 jīnnián	花茶 huāchá
1声＋3声：	机场 jīchǎng	铅笔 qiānbǐ	黑板 hēibǎn
1声＋4声：	天气 tiānqì	工作 gōngzuò	车票 chēpiào

🔊 47
2声＋1声：	毛衣 máoyī	熊猫 xióngmāo	昨天 zuótiān
2声＋2声：	足球 zúqiú	食堂 shítáng	学习 xuéxí
2声＋3声：	词典 cídiǎn	苹果 píngguǒ	啤酒 píjiǔ
2声＋4声：	学校 xuéxiào	词汇 cíhuì	文化 wénhuà

🔊 48
3声＋1声：	老师 lǎoshī	手机 shǒujī	每天 měitiān
3声＋2声：	网球 wǎngqiú	祖国 zǔguó	旅行 lǚxíng
3声＋3声：	手表 shǒubiǎo	法语 Fǎyǔ	洗澡 xǐzǎo
3声＋4声：	考试 kǎoshì	午饭 wǔfàn	比赛 bǐsài

🔊 49
4声＋1声：	汽车 qìchē	健康 jiànkāng	面包 miànbāo
4声＋2声：	大学 dàxué	校园 xiàoyuán	季节 jìjié
4声＋3声：	汉语 Hànyǔ	日本 Rìběn	下午 xiàwǔ
4声＋4声：	电话 diànhuà	教室 jiàoshì	饭店 fàndiàn

🔊 50
1声＋轻声：	东西 dōngxi	清楚 qīngchu	休息 xiūxi
2声＋轻声：	朋友 péngyou	学生 xuésheng	便宜 piányi
3声＋轻声：	喜欢 xǐhuan	点心 diǎnxin	暖和 nuǎnhuo
4声＋轻声：	漂亮 piàoliang	认识 rènshi	热闹 rènao

練習11　あいさつ表現

🔊51	你好。	Nǐ hǎo.	こんにちは。
	你早。	Nǐ zǎo.	おはよう。
	晚上好。	Wǎnshang hǎo.	こんばんは。
🔊52	对不起。	Duìbuqǐ.	ごめんなさい。
	没关系。	Méi guānxi.	どういたしまして。
🔊53	再见。	Zài jiàn.	さようなら。
	慢走。	Màn zǒu.	お気をつけて。

練習12　簡単な会話

🔊54	(1) 你好吗?	Nǐ hǎo ma?	お元気ですか？
	我很好，谢谢。	Wǒ hěn hǎo, xièxie.	元気です、ありがとう。
🔊55	(2) 你去哪儿?	Nǐ qù nǎr?	あなたはどこに行くの？
	我去银行。	Wǒ qù yínháng.	私は銀行に行きます。
	邮局	yóujú	郵便局
	食堂	shítáng	食堂
	超市	chāoshì	スーパー
🔊56	(3) 你吃什么?	Nǐ chī shénme?	あなたは何を食べますか？
	我吃饺子。	Wǒ chī jiǎozi.	私は餃子を食べます。
	拉面	lāmiàn	ラーメン
	炒饭	chǎofàn	チャーハン
	炒面	chǎomiàn	焼そば

第7課

"是" 構文

我 是 一年级 学生。
Wǒ shì yīniánjí xuésheng.

「私は1年生です。」

会 話

57-58

A: 你 好。
Nǐ hǎo.

B: 你 好。
Nǐ hǎo.

A: 我 是 一年级 学生。你 几 年级?
Wǒ shì yī niánjí xuésheng. Nǐ jǐ niánjí?

B: 我 也 是 一年级 学生。
Wǒ yě shì yī niánjí xuésheng.

A: 你 是 中国 留学生 吗?
Nǐ shì Zhōngguó liúxuéshēng ma?

B: 是，我 是 中国 留学生。
Shì, wǒ shì Zhōngguó liúxuéshēng.

🔊 59

単 語

- □ 你 nǐ　あなた
- □ 好 hǎo　よい
- □ 我 wǒ　私
- □ 是 shì　〜です
- □ 一 yī　1
- □ 年级 niánjí　学年

- □ 学生 xuésheng　学生
- □ 几 jǐ　いくつ
- □ 也 yě　〜も
- □ 中国 Zhōngguó　中国
- □ 留学生 liúxuéshēng　留学生
- □ 吗 ma　〜か

 ポイント

① 人称代名詞

① "们 men" をつけると、複数になります。

② 「あなた」は丁寧に言う場合があるので、その時は "您" を使いましょう。

	私	あなた	彼	彼女
単数	**我** wǒ	**你** nǐ　**您** nín	**他** tā	**她** tā
	私たち	あなた方	彼ら	彼女たち
複数	**我们** wǒmen	**你们** nǐmen	**他们** tāmen	**她们** tāmen

ちょっと
一言

　日本語でも「私たちは学生たちです。」は少しおかしい文です。中国語でも "我们是学生们。" は成立しません。動詞 "是" を使う文は「判断・説明」を表わします。「判断・説明」をするだけなので、この場合の "学生" は複数にする必要がありません。

② "是" 構文

① "是" という動詞は、主語について判断・説明する時に用います。

　我　　是　　学生。　　私は学生です。
　Wǒ　　shì　　xuésheng.

② 否定を表わす副詞 "不" を動詞の前に置くと否定となります。
　"是" の場合は、"不是" となります。

　他　　不　是　　学生。　　彼は学生ではない。
　Tā　　bú　shì　　xuésheng.
　（彼は）（ではない）　（学生）

第7課

29

ちょっと一言

　本課の会話に"中国留学生"という言葉が出て来ます。日本語では「中国の留学生」「中国人留学生」と言えます。しかし、中国語では"中国的留学生"や"中国人留学生"は普通使いません。「中国人の先生」も中国語では"中国老师"です。日本語との違いに注意しましょう。

3 "吗"の疑問文

　疑問を表す語気助詞の"吗"を文末につけると、それで疑問文になります。

你是留学生吗?　Nǐ shì liúxuéshēng ma?　あなたは留学生ですか。
他是大学生吗?　Tā shì dàxuéshēng ma?　彼は大学生ですか。

4 "几"

　数を尋ねる疑問詞です。10以下の数や時計やカレンダーの日付のように、数に制約がある場合に使用します。

"几年级?　Jǐ niánjí?"　「何年生？」　　"几个人?　Jǐ ge rén?"　「何人？」

第8課の「何月何日」などでも使います。

5 "也"

　副詞の"也"の意味は、日本語の「も」に相当します。副詞なので中国語では述語として用いられている動詞や形容詞の前に置かれます。しかし、意味上は前の主語と関係があります。

我也是学生。　　私も学生です。
Wǒ yě shì xuésheng.

他也不是学生。　　彼も学生ではない。
Tā yě bú shì xuésheng.

🔊 60 **1** ピンインを読みなさい。

① nǐ   ② hǎo   ③ shì   ④ yě   ⑤ wǒ

🔊 61 **2** 次の語句を発音しなさい。

① 你好   ② 学生   ③ 中国   ④ 一年级   ⑤ 留学生

3 置き換え練習： 下線部を置き換えなさい。

① 我们是<u>日本人</u>。

       美国人 Měiguórén   （アメリカ人）

       法国人 Fǎguórén   （フランス人）

       中国人 Zhōngguórén   （中国人）

       英国人 Yīngguórén   （イギリス人）

       韩国人 Hánguórén   （韓国人）

       德国人 Déguórén   （ドイツ人）

② 他不是<u>老师</u>，   是<u>学生</u>。

     法国人 Fǎguórén   一年级学生 yīniánjí xuésheng （1年生）

     德国人 Déguórén   二年级学生 èrniánjí xuésheng （2年生）

     美国人 Měiguórén

     英国人 Yīngguórén

4 次の日本語を中国語に訳しなさい。

① 私は日本人です。

_____

② 彼は先生ではない。

_____

③ あなたは何年生ですか？

_____

④ あなた方も留学生ですか？

_____

名詞述語文

第8課

今天 几 月 几 号?
Jīntiān jǐ yuè jǐ hào?

「今日は何月何日？」

 会 話

🔊 62-63

A: **今天 几 月 几 号?**
Jīntiān jǐ yuè jǐ hào?

B: **今天 三 月 三 号。**
Jīntiān sān yuè sān hào.

A: **昨天 星期 几?**
Zuótiān xīngqī jǐ?

B: **昨天 星期 四。**
Zuótiān xīngqī sì.

A: **你 今年 多大?**
Nǐ jīnnián duōdà?

B: **我 今年 十九 岁。**
Wǒ jīnnián shíjiǔ suì.

🔊 64

単語

☐ **今天** jīntiān　今日

☐ **月** yuè　月

☐ **号** hào　日

☐ **三** sān　3

☐ **昨天** zuótiān　昨日

☐ **星期** xīngqī　週、曜日

☐ **四** sì　4

☐ **今年** jīnnián　今年

☐ **多大** duōdà　いくつ、何歳

☐ **十** shí　10

☐ **九** jiǔ　9

☐ **岁** suì　歳

ポイント

1 数詞

1	2	3	4	5	6	7	8	9	10
yī	èr	sān	sì	wǔ	liù	qī	bā	jiǔ	shí

11	20	21	22	⋯	99
shíyī	èrshí	èrshiyī	èrshièr		jiǔshijiǔ

2 名詞述語文

　名詞が動詞を伴わず、直接述語になる構文です。述語になる名詞は、日付・時間・年齢・金額など数量表現です。ただし、否定の場合は"不是"となり、"不"だけでは否定になりません。

今天　　五 月 六 号。
Jīntiān　wǔ yuè liù hào.
「主語」　　「述語」

否定の場合は"不是"を用います。

○今天　　不是　　五月六号。　Jīntiān bú shì wǔ yuè liù hào.
（今日は）（ではない）（5月6日）
　　　　今日は5月6日ではない。
×今天 不 五月六号。

ちょっと一言

　数字が述語だとなぜ動詞"是"が不要なのでしょうか。"是"という動詞は、「判断」を表わす動詞です。人間は、数字を見せられると、すぐそれを認知し納得し、「判断」する必要がないからではないでしょうか。否定の時は、「～ではない。」とそこには「判断」する要素が入ります。

3 日付と曜日

「月」は中国語でも"月 yuè"を使い、「日」は"号 hào"を用います。
「曜日」は"星期 xīngqī"を使って表わします。

何月何日：	几月几号? Jǐ yuè jǐ hào?
何曜日：	星期几? Xīngqī jǐ?
日曜日～土曜日：	星期天 xīngqī tiān　星期一 xīngqī yī　星期二 xīngqī èr
	星期三 xīngqī sān　星期四 xīngqī sì　星期五 xīngqī wǔ
	星期六 xīngqī liù

おととい：	前天	qiántiān
昨日：	昨天	zuótiān
今日：	今天	jīntiān
明日：	明天	míngtiān
あさって：	后天	hòutiān
おととし：	前年	qiánnián
去年：	去年	qùnián
今年：	今年	jīnnián
来年：	明年	míngnián
再来年：	后年	hòunián
午前：	上午	shàngwǔ
昼：	中午	zhōngwǔ
午後：	下午	xiàwǔ
朝：	早上	zǎoshang
晩(夜)：	晚上	wǎnshang

ちょっと一言

　日付や曜日といった日時を表わす語句は、中国語では動詞よりも前に置きます。

我	每天	早上	七点	起床。
Wǒ	měitiān	zǎoshang	qī diǎn	qǐchuáng.
(私)	(毎日)	(朝)	(7時)	(起きる)

練 習

🔊 65 **1** ピンインを読みなさい。

① yuè   ② hào   ③ suì   ④ sān   ⑤ sì

🔊 66 **2** 次の語句を発音しなさい。

① 今天   ② 昨天   ③ 星期   ④ 今年   ⑤ 多大

3 置き換え練習：　下線部を置き換えなさい。

① 今天<u>三月三号</u>。

　　　　七月二十八号 qī yuè èrshibā hào
　　　　八月五号 bā yuè wǔ hào
　　　　九月十六号 jiǔ yuè shíliù hào

② 昨天<u>星期四</u>。

　　　　星期天 xīngqī tiān　（日曜日）
　　　　星期一 xīngqī yī　（月曜日）
　　　　星期五 xīngqī wǔ　（金曜日）

③ 我今年<u>十九岁</u>。

　　　　十八岁 shíbā suì
　　　　二十岁 èrshí suì
　　　　二十三岁 èrshisān suì

4 次の日本語を中国語に訳しなさい。

① 今日は何月何日ですか。

_____

② 昨日は何曜日ですか。

_____

③ 明日は日曜日です。

_____

④ 彼女は今年21歳です。

_____

形容詞述語文・主述述語文

第9課

你 最近 忙 不 忙?
Nǐ zuìjìn máng bu máng?

「あなたは最近忙しいですか？」

 会 話

🔊 67-68

A: 你 最近 忙 不 忙?
Nǐ zuìjìn máng bu máng?

B: 我 最近 不 太 忙。你 怎么样?
Wǒ zuìjìn bú tài máng. Nǐ zěnmeyàng?

A: 我 很 忙。我 身体 有点儿 不 舒服。
Wǒ hěn máng. Wǒ shēntǐ yǒudiǎnr bù shūfu.

B: 是 吗? 请 保重 身体。
Shì ma? Qǐng bǎozhòng shēntǐ.

A: 谢谢 你。
Xièxie nǐ.

🔊 69

単語

- ☐ **最近** zuìjìn　最近
- ☐ **忙** máng　忙しい
- ☐ **不太** bú tài　あまり〜ではない
- ☐ **怎么样** zěnmeyàng　どうですか
- ☐ **身体** shēntǐ　体
- ☐ **有点儿** yǒudiǎnr　少し
- ☐ **舒服** shūfu　心地よい
- ☐ **是吗** shì ma　そうですか
- ☐ **请** qǐng　どうか（どうぞ）
- ☐ **保重** bǎozhòng　お大事に
- ☐ **谢谢** xièxie　ありがとう

 ポイント

Ⅰ 形容詞述語文

　中国語では、形容詞を述語にする場合、動詞は不要です。しかし、肯定の一文で言い切る時は、程度副詞の "很（とても）" などが必要となります。否定には否定の副詞 "不" を用います。疑問文にする時は "吗" を文末に置きます。この場合、人間は例えば、「学校が大きいかどうか」を聞きたい時に、いきなり「とてもおおきいか？」と聞くことはないので、"很" をつける必要はありません。もちろん、「とても大きいか？」と聞きたい時は、"很" をつけてもかまいません。

（肯定）**学校　很　大。**　Xuéxiào hěn dà.
（否定）**学校　不　大。**　Xuéxiào bú dà.
（疑問）**学校　大　吗?**　Xuéxiào dà ma?

ちょっと一言

　もしも、肯定の平叙文に程度副詞をつけないと、「対比」の文になります。これは中国語の形容詞は、日本語の形容詞と違い、その表わす意味が「分類・区分け」のみだからです。"大" は「大きい」と辞書では訳されていますが、実はその表わしている意味は「大きい（方）」、"小" は「小さい（方）」と「分類・区分け」しているだけです。つまり、中国語の形容詞は、形容詞だけでは状態や様子を述べる事が出来ないのです。人間が「暑い」と感じて、日本語でそれを誰かに伝える場合は「暑ーい。」と音を伸ばしたり、感情を込めて言えば「どのくらい暑いか」が伝わりますが、中国語では程度副詞、つまり「どれくらい」という「量」を形容詞の前につけて、まさに「どのくらい暑いか」を、その都度言う必要があります。「どれくらい」をつけないと形容詞の本来持つ意味の「分類・区分け」の意味しか表わさないので、「対比」の文になってしまいます。こういう事を理解することが外国語を勉強する楽しみになります。

　春天暖和，秋天凉快。 Chūntiān nuǎnhuo, qiūtiān liángkuai.
　春は暖かく、秋は涼しい。

② 主述述語文

「主述」構造が文の述語となっているので、「主述」述語文といいます。

我	头	疼。
Wǒ	tóu	téng.
（私は）	（頭が）	（痛い）
	「主語	述語」
「主語」	「述語」	

我	身体	有点儿	不 舒服。
Wǒ	shēntǐ	yǒudiǎnr	bù shūfu.
（私は）	（体が）	（少し）	（具合が悪い）
		「主語	述語」
「主語」		「述語」	

ちょっと一言

　前のポイントの『ちょっと一言』で、中国語の形容詞を文の述語にする、つまり、様子や状態を述べる時には、形容詞だけではダメで、実際の発話ではその都度、「どのくらい」という「量」を表わす程度副詞をつける必要があることを述べました。しかし、"疼（痛い）"が述語になった場合は、"很（とても）"が付いていなくても文が成立します。これはどうしてでしょうか。

　これは通常、人間にとって「痛くない状態」が普通の状態です。ですから、「頭が痛い。」「胃が痛い。」「誰かに足を踏まれて、足が痛い。」は特別な状態です。特別な状態ですから、人間の第一の発話として「痛い。」だけを言えば、受け手は話し手の「特別な状態」を理解します。したがって、"疼（痛い）"だけで、話し手の訴えたい文の意味の伝達は充足するのです。

　また、このようにも考えられます。人間が感じる「痛さ」は、実は感じた本人にしか解らないのではないでしょうか。「私が今感じている頭の痛さは、東京ドームと同じ大きさの痛さだ。」と訴えられても、聞き手にとっては、その「痛さ」が解るようで、実は本当に理解したとは言えないのです。それゆえ、"疼"という形容詞には、わざわざ程度副詞をつける必要がないのではないでしょうか。

　もちろん、お医者さんの前で「今日は頭が非常に痛い。なにか異常な事態になっているのではないか。」等と言う場面では、程度副詞をつけて言うこともあり得ます。

③ 反復疑問文

　中国語は動詞や形容詞の肯定と否定を用いることで疑問文にすることができます。日本語でも「食べる、食べない？」「寒い、寒くない？」のように相手に尋ねることがあります。中国語でもまさに同じ形式で疑問が言えます。

你	忙	不 忙?
Nǐ	máng	bu máng?
	（忙しい）	（忙しくない）
	「肯定」	「否定」

今天	热	不 热?
Jīntiān	rè	bu rè?
	（暑い）	（暑くない）
	「肯定」	「否定」

他	去	不去?		你	看	不看?
Tā	qù	bu qù?		Nǐ	kàn	bu kàn?
	（行く）	（行かない）			（見る）	（見ない）
	「肯定」	「否定」			「肯定」	「否定」

＊動詞の後に目的語を伴っている場合は、次のように2つの言い方が可能です。

你 喝 <u>不喝</u> 咖啡?　　　你 喝 咖啡 <u>不喝</u>?
Nǐ hē bu hē kāfēi?

你 有 <u>没有</u> 电脑?　　　你 有 电脑 <u>没有</u>?
Nǐ yǒu méiyǒu diànnǎo?

---

4 **"怎么样"**

「状況」や「状態」を尋ねる時には、疑問詞の "怎么样" を用います。

你身体怎么样?　Nǐ shēntǐ zěnmeyàng?　　　お体の具合はいかがですか？

明天天气怎么样?　Míngtiān tiānqì zěnmeyàng?　　明日の天気はどうですか？

---

5 **"有点儿"**

"有点儿" は「少し。ちょっと。」の意味です。副詞なので、形容詞の前に置かれます。
どちらかと言うと、発話者にとって「不都合。好ましくない。」という場面で使われます。

我有点儿不舒服。　Wǒ yǒu diǎnr bù shūfu.　　私はちょっと具合が悪い。

我有点儿累了。　Wǒ yǒu diǎnr lèi le.　　私は少し疲れました。

練 習

🔊 70 **1** ピンインを読みなさい。

① máng ② qǐng ③ shēntǐ ④ bú tài ⑤ xièxie

🔊 71 **2** 次の語句を発音しなさい。

① 最近 ② 舒服 ③ 保重 ④ 有点儿 ⑤ 怎么样

3 置き換え練習: 下線部を置き換えなさい。

① 你忙不忙?

累不累 lèi bu lèi（疲れていますか）
困不困 kùn bu kùn（眠いですか）
热不热 rè bu rè（暑いですか）
冷不冷 lěng bu lěng（寒いですか）

② 你身体怎么样?

最近 zuìjìn
工作 gōngzuò（仕事）
打工 dǎgōng（アルバイトする）
学习 xuéxí（勉強する）

③ 我有点儿忙。

不安 bù'ān（不安である）
生气 shēngqì（怒っている）
后悔 hòuhuǐ（後悔している）
发烧 fāshāo（熱がある）

4 次の日本語を中国語に訳しなさい。

① あなたは最近忙しいですか？

_____

② お体の具合はいかがですか？

_____

③ 私は体の具合が少し悪い。

_____

④ どうかお大事に。

_____

"有" 構文

第 10 課

明天 你 有 时间 吗?
Míngtiān nǐ yǒu shíjiān ma?

「明日お時間ありますか？」

 会 話

🔊 72-73

A: 明天 你 有 时间 吗?
　　Míngtiān nǐ yǒu shíjiān ma?

B: 对不起, 明天 我 有 事儿, 没 有 空儿。
　　Duìbuqǐ, míngtiān wǒ yǒu shìr, méi yǒu kòngr.

A: 那, 后天 呢?
　　Nà, hòutiān ne?

B: 后天 我 有 空儿。
　　Hòutiān wǒ yǒu kòngr.

A: 后天 咱们 一起 去 书店, 好 吗?
　　Hòutiān zánmen yìqǐ qù shūdiàn, hǎo ma?

B: 太 好 了, 我 一定 去。
　　Tài hǎo le, wǒ yídìng qù.

🔊 74

単語

□ 有 yǒu　ある	□ 咱们 zánmen　私たち（話し手と聞き手も含んだ）
□ 时间 shíjiān　時間、ひま	□ 一起 yìqǐ　一緒に
□ 对不起 duìbuqǐ　ごめんなさい	□ 书店 shūdiàn　書店
□ 事儿 shìr　事、用事	□ 好吗 hǎo ma　いいですか
□ 没有 méi yǒu　ない、持っていない	□ 太好了 tài hǎo le　すばらしい
□ 空儿 kòngr　ひま	□ 一定 yídìng　必ず
□ 那 nà　それでは	□ 去 qù　行く
□ 呢 ne　〜は？	

 ポイント

1 所有を表わす "有"

所有を表わす構文は、動詞の "有"（〜を持っている。〜がある。）" で表現できます。

＊否定する時は、"没" を用います。"不" は使えません。

○我 没 有 时间。　Wǒ　méi　yǒu　shíjiān.
「ないよう」「没有」、「ないよう」「没有」で覚えましょう。

×我 不有 时间。

＊疑問文にする時は、"吗" を文末につけます。
你 有 时间 吗?　Nǐ yǒu shíjiān ma?

＊反復疑問文にするには、"有没有" となります。
你 有 没 有 时间?　Nǐ yǒu méi yǒu shíjiān?

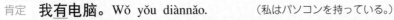

構文のまとめ

肯定　**我有电脑。** Wǒ yǒu diànnǎo.　　　（私はパソコンを持っている。）
否定　**我没有电脑。** Wǒ méi yǒu diànnǎo.　（私はパソコンを持っていない。）
疑問　**你有电脑吗? 你有没有电脑?** Nǐ yǒu diànnǎo ma? Nǐ yǒu méi yǒu diànnǎo?
　　　　　　　　　　　　　　　　　（あなたはパソコンを持っていますか？）

2 語気助詞の"呢"

　語気助詞の"呢"は日本語の「〜は？」に相当し、省略疑問文を作ることができます。日本語でも「私は昼にラーメン食べるけど、あなたは？」とか「私の携帯は？」などと、いちいち疑問詞を使わない表現をします。中国語でもこのような場合"呢"を使えば同様の表現ができます。

> 我吃饺子，你呢？（你吃什么？）Wǒ chī jiǎozi, nǐ ne? (Nǐ chī shénme?)
>
> 私はギョーザを食べるけど、あなたは？（あなたは何を食べるの？）

> 我的手机呢？（我的手机在哪儿？）Wǒ de shǒujī ne? (Wǒ de shǒujī zài nǎr?)
>
> 私の携帯は？（私の携帯はどこにあるの？）

3 "〜好吗？"

「〜しませんか？」と相手の意向を尋ねる時に用います。

> 咱们一起去，好吗？　Zánmen yìqǐ qù, hǎo ma?　　　一緒に行きませんか？
>
> 请再说一遍，好吗？　Qǐng zài shuō yí biàn, hǎo ma?　もう一度言って下さいますか？

＊ "好不好？Hǎo bu hǎo?" も同様に使えます。

 練 習

75 **1** ピンインを読みなさい。

① yǒu ② shìr ③ kòngr ④ yìqǐ ⑤ hǎo ma

76 **2** 次の語句を発音しなさい。

① 时间 ② 没有 ③ 书店 ④ 一定 ⑤ 对不起

3 置き換え練習：下線部を置き換えなさい。

① 我没有<u>空儿</u>。

弟弟 dìdi（弟）　　　　钱 qián（お金）
哥哥 gēge（兄）　　　　手机 shǒujī（携帯電話）
姐姐 jiějie（姉）　　　　电脑 diànnǎo（パソコン）
妹妹 mèimei（妹）
男朋友 nánpéngyou（男友達）
女朋友 nǚpéngyou（女友達）

② 咱们一起去，<u>好吗</u>?

好不好 hǎo bu hǎo（よろしいですか）
行不行 xíng bu xíng（よろしいですか）
行吗 xíng ma（よろしいですか）
怎么样 zěnmeyàng（いかがですか）

4 次の日本語を中国語に訳しなさい。

① 明日あなたは時間がありますか？

_____

② ごめんなさい、明日は私はひまがない。

_____

③ 私たち一緒に書店に行きませんか？

_____

④ 必ず行きます。

_____

"在" 構文・前置詞構文

第11課

你 家 在 哪儿?
Nǐ jiā zài nǎr?

「あなたの家はどこにありますか？」

 会 話

🔊 77-78

A: 你 家 在 哪儿?
Nǐ jiā zài nǎr?

B: 我 家 在 东京。你 呢?
Wǒ jiā zài Dōngjīng. Nǐ ne?

A: 我 家 在 千叶。
Wǒ jiā zài Qiānyè.

B: 你 在 哪儿 学习 汉语?
Nǐ zài nǎr xuéxí Hànyǔ?

A: 我 在 大学 学习 汉语。
Wǒ zài dàxué xuéxí Hànyǔ.

🔊 79

単語

□ 家 jiā　家

□ 在 zài　〜にいる、〜ある

□ 哪儿 nǎr　どこ

□ 东京 Dōngjīng　東京

□ 千叶 Qiānyè　千葉

□ 学习 xuéxí　学ぶ

□ 汉语 Hànyǔ　中国語

□ 大学 dàxué　大学

 ポイント

Ⅰ **"在"構文**

　「〜がどこどこにある。」という文は、中国語では動詞の "在" を用います。この場合、文は「人やもの」＋「在」＋「場所」という語順で並びます。動詞や前置詞の "在" の後は「場所」と必ず覚えましょう。

　＊否定する時は、"不" を用います。
　　我 不 在 家。　Wǒ bú zài jiā.

　＊疑問文にする時は、"吗" を文末につけます。反復疑問文は "在不在" となります。
　　你 在 家 吗?　　　　　　　你 在 不 在 家?
　　Nǐ zài jiā ma?　　　　　　Nǐ zài bu zài jiā?

　また、「〜はどこにありますか？」と聞きたい場合は、疑問詞の "哪儿（哪里）" を "在" の後に置けばそれでOKです。

　　你 在 哪儿?　→　我 在 大学。
　　Nǐ zài nǎr?　　　Wǒ zài dàxué.

構文のまとめ

肯定　**我在家。** Wǒ zài jiā.　　　　　　　　（私は家にいる。）

否定　**我不在家。** Wǒ bú zài jiā.　　　　　　（私は家にいない。）

疑問　**你在家吗?** Nǐ zài jiā ma?　　　　　　（あなたは家にいますか？）

　　　你在不在家? Nǐ zài bu zài jiā?　　（あなたは家にいますか？）

　　　你在哪儿? Nǐ zài nǎr?　　　　　　（あなたはどこにいますか？）

2 前置詞 "在"（〜で）

"在" は動詞だけではなく、「動作行為を行う場所」を示す前置詞としての用法もあります。中国語の前置詞は、主語と述語の間に置かれます。文末に置かないよう気をつけましょう。前置詞 "在" の後も場所を表わす名詞が置かれます。

你	在	哪儿	吃饭?		我	在	食堂	吃饭。
Nǐ	zài	nǎr	chīfàn?		Wǒ	zài	shítáng	chīfàn.
「主語」	「前置詞」	「場所」	「述語」		「主語」	「前置詞」	「場所」	「述語」

×我吃饭在食堂。

「私は食堂で食事しない。」という日本語を中国語に訳す時には、否定詞 "不" を置く位置に注意して下さい。よく見かける中国語訳文は "我在食堂不吃饭。" です。否定詞 "不" を "吃" という動詞の前に置いてます。しかし、これは間違いです。中国語の前置詞は元々、動詞だったため、前置詞構文を否定にするには、「前置詞句＋動詞句」全体を否定しなければいけません。つまり、正解は "我不在食堂吃饭." となります。

3 場所を表わす代名詞 "哪儿"

中国語では、場所を表わす代名詞に "这儿" "那儿" "哪儿" "这里" "那里" "哪里" があります。"这儿" "那儿" "哪儿" は主に北方の人が用いると言われ、"这里" "那里" "哪里" は書面語や南方人が使うと言われます。

ここ	そこ	あそこ	どこ
这儿 zhèr	**那儿** nàr	**哪儿** nǎr	
这里 zhèli	**那里** nàli	**哪里** nǎli	

練 習

🔊80 **1** ピンインを読みなさい。

① jiā　　② zài　　③ nǎr　　④ zhèr　　⑤ nàr

🔊81 **2** 次の語句を発音しなさい。

① 东京　　② 千叶　　③ 学习　　④ 汉语　　⑤ 大学

3 置き換え練習：　下線部を置き変えなさい。

① <u>你家</u>在哪儿?

车站　chēzhàn（駅）　　　　　银行　yínháng（銀行）

邮局　yóujú（郵便局）　　　　大学　dàxué（大学）

洗手间　xǐshǒujiān（お手洗い）　便利店　biànlìdiàn（コンビニ）

图书馆　túshūguǎn（図書館）

② 你在哪儿<u>学习汉语</u>?

工作　gōngzuò（仕事をする）

打工　dǎgōng（アルバイトをする）

吃饭　chīfàn（食事する）

喝酒　hējiǔ（お酒を飲む）

看书　kànshū（本を読む）

买东西　mǎi dōngxi（買い物をする）

4 次の日本語を中国語に訳しなさい。

① あなたの家はどこにありますか。

_____

② 私の家は千葉にあります。

_____

③ あなたはどこで中国語を勉強しているの？

_____

④ 私は大学で中国語を勉強している。

_____

第12課 | 動詞述語文・助動詞構文

你 想 吃 什么?
Nǐ xiǎng chī shénme?

「あなたは何を食べたいですか?」

 会 話

🔊 82-83

A: 你 吃饭 了 吗?
　　Nǐ chīfàn le ma?

B: 还 没 吃。
　　Hái méi chī.

A: 那, 咱们 一块儿 去 吃饭 吧。
　　Nà, zánmen yíkuàir qù chīfàn ba.

B: 好 的。
　　Hǎo de.

A: 你 想 吃 什么?
　　Nǐ xiǎng chī shénme?

B: 什么 都 可以。
　　Shénme dōu kěyǐ.

A: 那, 吃 中国菜 吧。
　　Nà, chī Zhōngguócài ba.

単語

☐ 吃饭 chīfàn　食事をする
☐ 了 le　～なった、～なる
☐ 还 hái　まだ
☐ 没 méi　～していない、～しなかった
☐ 一块儿 yíkuàir　一緒に
☐ 去 qù　行く
☐ 吧 ba　～しましょう

☐ 好的 hǎo de　いいですよ
☐ 想 xiǎng　～したい
☐ 什么 shénme　なに
☐ 都 dōu　すべて、みな
☐ 可以 kěyǐ　よろしい
☐ 菜 cài　料理

ポイント

1 語気助詞 "了"

文末に置かれ、「ある状況の変化」や「新しい状況の発生」を表わします。
日本語訳は「～になった。」「～になる。」「～した。」となります。

我吃饭了。　Wǒ chīfàn le.　　　私は食事をした。
他的病好了。　Tā de bìng hǎo le.　　彼の病気は良くなった。
她二十岁了。　Tā èrshí suì le.　　彼女は20歳になった。

＊「（まだ）～していない。」という否定には、"没（有）"を用います。この時は、"不" は
使えません。

我没吃饭。　Wǒ méi chīfàn.　　私は（まだ）食事をしておりません。

2 語気助詞 "吧"

文末に置かれ、「（推測・推量）～でしょう。」や「（お勧め・勧誘）～しましょう。」の語
気を表わします。

我们一起吃饭吧。　Wǒmen yìqǐ chīfàn ba.　　一緒に食事しましょう。
他是中国人吧？　Tā shì Zhōngguórén ba?　　彼は中国人でしょう。

3 連動文

同一文中に動詞や動詞句が2つ連ねている文を連動文と言います。動詞や動詞句の並び方
は、動作の行われる順番に並びます。例えば、「私は図書館に行って本を読む。」でしたら、
中国語でも "我去图书馆看书。" となります。

我　去　买　东西。　　　　　我　去　图书馆　看书。
Wǒ　qù　mǎi　dōngxi.　　　　Wǒ　qù　túshūguǎn　kànshū.
（私）（行く）（買い物に）　　　（私）（図書館へ行く）（本を読む）
　　「移動」「行う内容」　　　　　　　「移動」　　「行う内容」

＊中国語では「私は中国旅行に行く。」と言った日本語も連動文（中国へ行って旅行する）で表現します。"旅行"は動詞となります。

我　　去　　中国　　旅行。
Wǒ　　qù　　Zhōngguó lǚxíng.
（私）　（中国に行く）　（旅行する）
　　　　「移動」　　「行う内容」

4 "想"「〜したい」

　話し手の願望を表わす時には、助動詞の"想"を使います。中国語では助動詞は動詞の前、つまり主語のすぐ後ろに置きます。「〜したくない。」という否定は、"不想"を用います。疑問は文末に"吗"を置くか、反復疑問の"想不想"を用いて表わします。

構文のまとめ

肯定　**我想吃饭。** Wǒ xiǎng chīfàn.　　　（私は食事をしたい。）

否定　**我不想吃饭。** Wǒ bù xiǎng chīfàn.（私は食事をしたくない。）

疑問　**你想吃饭吗？ 你想不想吃饭？** Nǐ xiǎng chīfàn ma? Nǐ xiǎng bu xiǎng chīfàn?
（あなたは食事をしたいですか？）

ちょっと一言

　前置詞構文"我在大学学习汉语。"に助動詞を置く場合には注意が必要です。第11課のポイント2.でもすでに述べましたが、中国語の前置詞は元々、動詞だったこともあり、助動詞は前置詞の前に置きます。この場合、間違えて動詞の前に助動詞を置かないように気をつけましょう。

○我想在大学学习汉语。　　×我在大学想学习汉语。

5 疑問詞"什么"「なに」

　日本語の「なに」という疑問詞は、中国語では"什么"を用います。中国語の疑問詞は尋ねたい所に疑問詞を置けばそれで良いのです。疑問詞を文頭に移動させることはしなくて良いのです。

你吃什么？ Nǐ chī shénme?　あなたは何を食べますか？

他喝什么？ Tā hē shénme?　彼は何を飲みますか？

＊本課の会話に出て来る"什么都可以。"「何でもいいです。」の"什么"は、疑問の意味ではなく、「何でも」という疑問詞の不定用法になります。

 練 習

◀)) 85 **1** ピンインを読みなさい。

① hái   ② qù   ③ xiǎng   ④ dōu   ⑤ cài

◀)) 86 **2** 次の語句を発音しなさい。

① 吃饭   ② 一块儿   ③ 什么   ④ 可以   ⑤ 好的

3 置き換え練習:　下線部を置き変えなさい。

① 咱们<u>去吃饭</u>吧。

　　去买东西 qù mǎi dōngxi（買い物に行く）

　　去听音乐 qù tīng yīnyuè（音楽を聞きに行く）

　　去看电影 qù kàn diànyǐng（映画を見に行く）

　　去图书馆看书 qù túshūguǎn kàn shū（図書館に行って本を読む）

　　去商店买衣服 qù shāngdiàn mǎi yīfu（店に行って服を買う）

② 你想<u>吃</u>什么?

　　喝 hē（飲む）／看 kàn（見る、読む）／听 tīng（聞く）／学习 xuéxí（学ぶ）

③ 我不想<u>喝咖啡</u> (kāfēi)，　　　　想<u>喝红茶</u> (hóngchá)。

　　喝绿茶 lùchá（緑茶を飲む）　　　　喝乌龙茶 wūlóngchá（ウーロン茶を飲む）

　　喝啤酒 píjiǔ（ビールを飲む）　　　　喝葡萄酒 pútáojiǔ（ワインを飲む）

　　买毛衣 mǎi máoyī（セーターを買う）　　买大衣 mǎi dàyī（コートを買う）

　　看报 kàn bào（新聞を読む）　　　　看杂志 kàn zázhì（雑誌を読む）

4 次の日本語を中国語に訳しなさい。

① あなたは食事をしましたか?

_____

② 私たち一緒に食事に行きましょう。

_____

③ あなたは何を食べたいですか?

_____

④ 何でもいいです。

_____

著　者

布川　雅英（ぬのかわ　まさひで）
神田外語大学アジア言語学科中国語専攻教授

二訂版　**トライ・中国語** 〜中国語は面白い〜

2011. 9.15　初版発行
2023. 4.1　二訂版初版1刷発行

発行者　井　田　洋　二

発行所　〒101-0062　東京都千代田区神田駿河台3の7　　　株式
　　　　電話　東京03（3291）1676　FAX 03（3291）1675　　会社　**駿河台出版社**
　　　　振替　00190-3-56669番
　　　　E-mail：edit@e-surugadai.com
　　　　URL：http://www.e-surugadai.com

製版／印刷・製本　フォレスト

ISBN 978-4-411-03154-9 C1087　¥2000E

中●国●語●音●節●表

	声母＼韻母	1（介音なし）														2				
		a	o	e	-i	er	ai	ei	ao	ou	an	en	ang	eng	ong	i	ia	ie	iao	iou / -iu
	ゼロ	a	o	e		er	ai	ei	ao	ou	an	en	ang			yi	ya	ye	yao	you
ア	b	ba	bo				bai	bei	bao		ban	ben	bang	beng		bi		bie	biao	
イ	p	pa	po				pai	pei	pao	pou	pan	pen	pang	peng		pi		pie	piao	
ウ	m	ma	mo	me			mai	mei	mao	mou	man	men	mang	meng		mi		mie	miao	miu
エ	f	fa	fo					fei		fou	fan	fen	fang	feng						
オ	d	da		de			dai	dei	dao	dou	dan	den	dang	deng	dong	di	dia	die	diao	diu
カ	t	ta		te			tai	tei	tao	tou	tan		tang	teng	tong	ti		tie	tiao	
キ	n	na		ne			nai	nei	nao	nou	nan	nen	nang	neng	nong	ni		nie	niao	niu
ク	l	la	lo	le			lai	lei	lao	lou	lan		lang	leng	long	li	lia	lie	liao	liu
ケ	g	ga		ge			gai	gei	gao	gou	gan	gen	gang	geng	gong					
コ	k	ka		ke			kai	kei	kao	kou	kan	ken	kang	keng	kong					
サ	h	ha		he			hai	hei	hao	hou	han	hen	hang	heng	hong					
シ	j															ji	jia	jie	jiao	jiu
ス	q															qi	qia	qie	qiao	qiu
セ	x															xi	xia	xie	xiao	xiu
ソ	zh	zha		zhe	zhi		zhai	zhei	zhao	zhou	zhan	zhen	zhang	zheng	zhong					
タ	ch	cha		che	chi		chai		chao	chou	chan	chen	chang	cheng	chong					
チ	sh	sha		she	shi		shai	shei	shao	shou	shan	shen	shang	sheng						
ツ	r			re	ri				rao	rou	ran	ren	rang	reng	rong					
テ	z	za		ze	zi		zai	zei	zao	zou	zan	zen	zang	zeng	zong					
ト	c	ca		ce	ci		cai		cao	cou	can	cen	cang	ceng	cong					
ナ	s	sa		se	si		sai		sao	sou	san	sen	sang	seng	song					

↑「i」の発音に注意　　　　　　　　　　　　　　　　　　　　　↑消える「o」に注意